ERNST KORNFELD

DIE 3 GEHEIMNISSE DER WIRBELSÄULE

ODER DIE WECHSELWIRKUNG DER MUSKULATUR

novum pro

Dieses Buch ist auch als
e-book
erhältlich.

w w w . n o v u m v e r l a g . c o m

Bibliografische Information der Deutschen Nationalbibliothek:

Die Deutsche Nationalbibliothek verzeichnet diese Publikation in der Deutschen Nationalbibliografie. Detaillierte bibliografische Daten sind im Internet über http://www.d-nb.de abrufbar.

Gedruckt in der Europäischen Union auf umweltfreundlichem, chlor- und säurefrei gebleichtem Papier.

© 2022 novum Verlag

ISBN 978-3-99131-186-7
Lektorat: Mag. Eva Reisinger
Umschlagfoto:
Starast | Dreamstime.com
Umschlaggestaltung, Layout & Satz:
novum Verlag
Innenabbildungen:
siehe Bildquellennachweis S. 113

Die vom Autor zur Verfügung gestellten Abbildungen wurden in der bestmöglichen Qualität gedruckt.

www.novumverlag.com

Climate neutral
Print product
ClimatePartner.com/16547-2201-1002

INHALTSVERZEICHNIS

Dieses Buch ist kein Krimi,
deshalb werden
die 3 Geheimnisse sofort gelüftet.

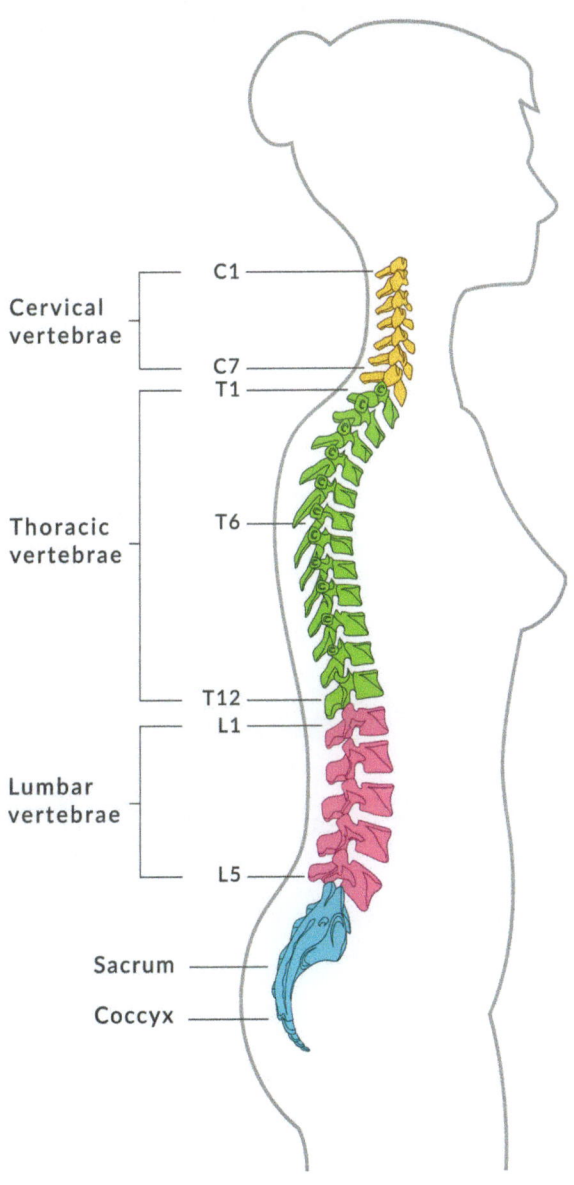

Cervical
vertebrae

C1

C7

T1

Thoracic
vertebrae

T6

T12

L1

Lumbar
vertebrae

L5

Sacrum

Coccyx

DIE 3 GEHEIMNISSE

1. Der aufrechte Gang ist die erste Fehlhaltung der Wirbelsäule.

Ursprünglich wurde die Wirbelsäule waagrecht gebildet. Die Wirbel und Bandscheiben waren nicht senkrecht angeordnet und sind dadurch keinem Druck ausgesetzt.

2. Durch die Aufrichtung des Menschen wurde der innere Hüftmuskel von 90 auf 180 Grad gedehnt.

Auch nach hunderttausenden von Jahren möchte dieser Muskel beim Stehen und Gehen wieder in die ursprüngliche Stellung zurück und zieht dabei die Wirbelsäule im Bereich der Lendenwirbel nach vorne.

3. Für Bewegungen verwenden wir häufig die Haltemuskulatur und nicht die dafür vorgesehene Bewegungsmuskulatur. In diesen Fällen ist die Wirbelsäule bei Bewegungen nicht geschützt.

Diese Haltung ist falsch, da die Knie nicht gebeugt werden, dadurch wird die Bewegung mit der Haltemuskulatur durchgeführt. Diese Haltung erinnert an einen Kran ohne Gegengewichte.

So bückt man sich richtig.

RESÜMEE

Wenn diese Fehlhaltungen über lange Zeit eingenommen werden, kann das zu Schmerzen führen. Gegen diese Schmerzen werden dann zumeist Tabletten, Spritzen und Bestrahlungen verabreicht.

Wenn die falschen Benutzungen der Muskulatur nicht erkannt und vermieden werden, treten die Beschwerden periodisch immer wieder auf. Wenn die Schmerzen vorbei sind, ist man seinem Hausarzt dankbar und vergisst seine Ratschläge. Lebt froh und munter bis zu dem nächsten Rückfall und begibt sich wieder zu seinem Hausarzt usw.

VORWORT

Meinen Dank richte ich an die Familie, die meine „Buchbesessenheit" geduldig ertragen hat.

Mein besonderer Dank gilt meinem Freund Heinz Stricker, der sich vom Gesprächspartner meiner ersten Gedanken zum „Lektor" entwickelte.

Es handelt sich beim vorliegenden Buch in erster Linie um die Beobachtungen meines eigenen Körpers, daher können diese nicht 1 : 1 übernommen werden.

Die Fotos, ausgenommen Istock, sind von minderer Qualität. Bessere Fotos würden nicht zu einem über 80-Jährigen passen. Es ist also kein Hochglanzbuch.

Wichtiger als das Verlegen ist mir, dass ich mein Wissen aufgeschrieben habe.

Über die praktische Seite des Themas wurde meines Wissens nach noch nichts geschrieben.

ERNST KORNFELD
AUTOR

Seit meinem 10. Lebensjahr hatte ich Schmerzen im Bereich der Lendenwirbel.

Im Buch verarbeite ich eigenen Erfahrungen und ziehe meine Schlussfolgerungen daraus. Bei mir haben die Maßnahmen Positives bewirkt. Ob man diese auf andere Personen übertragen kann, ist mir nicht bekannt. Auf jeden Fall ist Vorsicht geboten, holen Sie fachmännischen Rat ein.

Nach 25 Jahren wurden die Schmerzen schwer erträglich und die Krankenstände länger. Nachhaltige Hilfe fand ich bei Herrn Dr. Klaus Schuller in Linz. Er erzählte mir auch von einer tschechischen Krankenschwester, die durch Beobachtungen die Wechselwirkung der Stand- und Bewegungsmuskulatur erkannte. Seine Ratschläge befolgte ich nur halbherzig, da ich zu dieser Zeit auf der Jagd nach der Prokura war.

Mit 50 versteiften sich die Wirbel und die Schmerzen wurden erträglicher. Nur bei stärkerer Belastung musste ich Schmerzmittel nehmen.

Mit 60 wurden die Schmerzen, nach zwei Knieprothesen mit O-Bein-Korrektur, wieder sehr stark. Ich erinnerte mich an die guten Ratschläge von Hr. Dr. Schuller und befolgte diese sehr genau. Danach war ich schmerzfrei. In der Pension hatte ich genügend Zeit, um mich mit den Beobachtungen der tschechischen Krankenschwester intensiv zu befassen und hörte auf meinen Körper. Die Erfahrungen daraus schreibe ich jetzt auf.

Jetzt mache ich Schulungen für ältere Menschen und genieße das Leben, so gut es eben mit über 80 noch geht.

HALTEMUSKULATUR

Die Haltemuskulatur ist bei allen Ruhestellungen zuständig (sitzen, stehen, liegen). Die Muskeln wölben sich nicht nach außen, sind also nicht unmittelbar sichtbar. Die ganze Muskelkette spüren Sie, wenn Sie im Liegen die Zehen strecken wie ein Geräteturner, den Bauchmuskel nicht anspannen und somit die Standmuskulatur anspannen.

Ein ganz wichtiger Haltemuskel ist der innere Hüftmuskel. Bevor wir uns im Zuge der biologischen Evolution aufrichteten, sorgte dieser Muskel dafür, dass wir die Beine im rechten Winkel zur Wirbelsäule halten konnten, wie es Tiere noch tun. Als wir uns aufrichteten, dehnten wir den inneren Hüftmuskel von 90 auf 180 Grad.

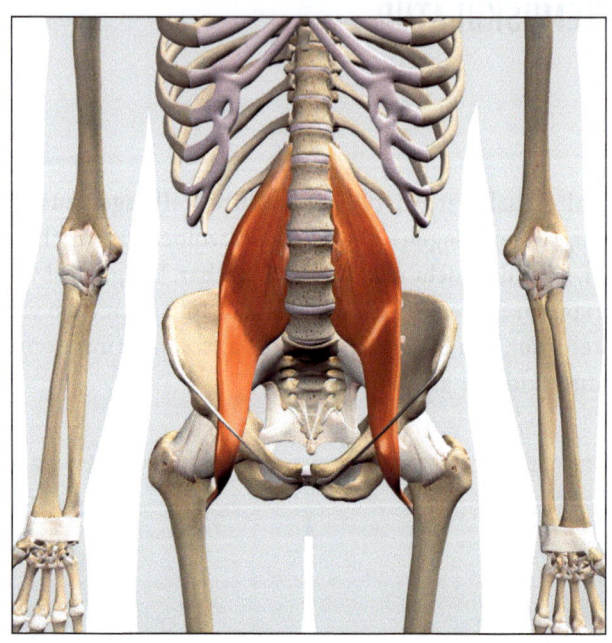

Der Psoas ist der wichtigste der 4 inneren Hüftmuskel und somit der ebenbürtige Gegenmuskel der Bauchmuskulatur. Er beginnt hinter den Lendenwirbeln und endet im Oberschenkel.

Die Standmuskeln werden bei Nichtbenützung kürzer und damit kräftiger. Sie müssen nicht gestärkt, sondern gedehnt werden.

Ein Fohlen kann bereits nach 15 Minuten stehen, weil der innere Hüftmuskel die Hinterbeine senkrecht hält. Das Fohlen erreicht die Zitzen der Stute und sein Leben ist gesichert.

Ein Gnu in der Savanne muss ebenfalls sofort stehen, um mit der Herde mitziehen zu können. Anderenfalls würde ein Löwe das Neugeborene fressen und die Gnus würden dezimiert.

DIE BEWEGUNGSMUSKULATUR

Sie ist für alle unsere Bewegungen zuständig. Diese Muskeln enden bei einem Gelenk und sind mit Bändern befestigt. Dadurch können wir die Gelenke bewegen.

Wichtig ist, VOR der Bewegung die benötigte Muskulatur anzuspannen. Weil wir uns immer weniger bewegen, ist es besonders wichtig, die Bewegungsmuskulatur ständig zu stärken, indem wir sie richtig benützen.

Die Bewegungsmuskulatur spürt man beim Liegen, wenn man die Zehen zum Körper zieht und den Bauchmuskel anspannt. Von der Wade bis zum Hals spürt man dann seine Muskulatur und erkennt die Stärke der einzelnen Muskeln.

Der Bauchmuskel ist besonders wichtig, da er angezogen die Lendenwirbel wie ein Schraubstock umfasst und dadurch besonders gut schützt.

Die Bewegungsmuskeln werden bei der Benützung kürzer und dadurch stärker. Werden sie nicht benützt, dehnen sie sich aus und werden schlaff.

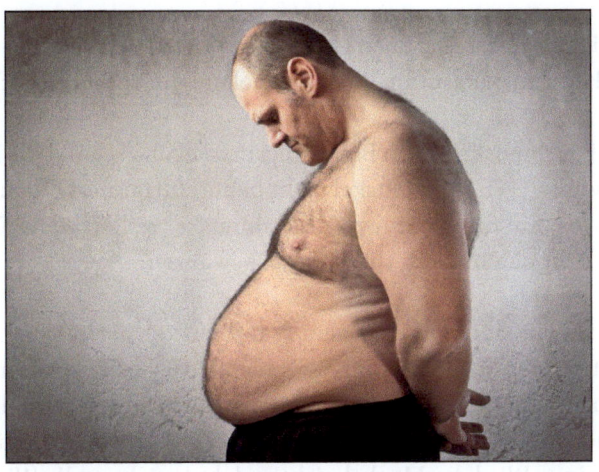

Ein Ergebnis ist der allseits bekannte Bierbauch und die gekrümmte Haltung.

DIE WECHSELWIRKUNG
DER STAND- UND BEWEGUNGSMUSKULATUR

So ringen zum Beispiel im Lendenwirbelbereich die Bauch- und die Hüftmuskulatur im Wechselspiel um die Vorherrschaft.

Der Bauchmuskel ist ein Bewegungsmuskel und schützt die Lendenwirbel. Wird der Muskel nicht benützt (trainiert), dehnt er sich aus. Ein nicht trainierter Bauchmuskel verliert seine Kraft und lässt den inneren Hüftmuskel gewähren.

Der innere Hüftmuskel ist ein Standmuskel, der vor der Aufrichtung des Menschens im Zuge der biologischen Evolution die Beine im rechten Winkel zur waagrecht liegenden Wirbelsäule hielt. Bei Nichtbenützung verkürzt er sich und wird dadurch kräftiger. Wird der Muskel nicht gedehnt, zieht er die Wirbelsäule nach vorne und die Lendenwirbel verschieben sich. Die Folge sind Entzündungen oder möglicherweise ein Bandscheibenvorfall.

Lendenwirbelsäule

normal   Bandscheibenvorfall

LUMBAR SPINE

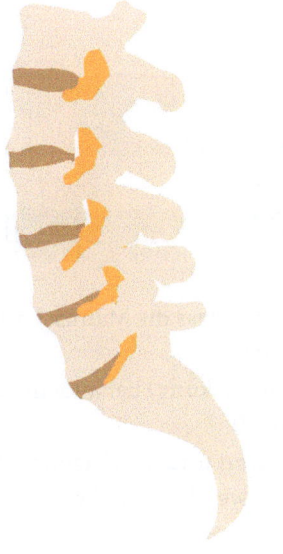 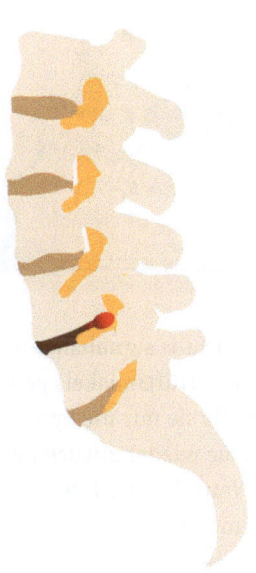

Normal disc   Herniated disc

Bildlich kann man sich das als Seilziehen zweier Mannschaften vorstellen. Gewinnt die Mannschaft Bauchmuskel, bleiben die Lendenwirbel in der richtigen Stellung.

Andernfalls signalisieren Schmerzen, dass die Mannschaft des inneren Hüftmuskels gewonnen hat.

Falls sie nur die Symptome (Auswirkung) behandeln, dann sind Sie wieder zurück bei der Seite 9.

Wenn Sie die Ursachen aufspüren und beseitigen wollen, kommen noch viel Beispiele von Anwendungen, die mir geholfen haben.

DIE WIRBELSÄULE
DAS KREUZ MIT DEM KREUZ!

Jederzeit und überall kann er uns „erwischen", der Hexenschuss. Zumeist im Lendenwirbelbereich hat man sich einen Wirbel verschoben, der auf einen Nerv drückt. Reflexartig spannen sich die Muskeln in diesem Bereich an und schützen so die empfindliche Stelle. Zumeist hat man eine Bewegung mit der Standmuskulatur durchgeführt und dadurch eine ungeschützte Wirbelsäule belastet.

Rückenschmerzen sind schon lange das Volksleiden Nr.1. „Der Feind für ein gesundes Altern liegt im Rücken."

Bewegung ist in jedem Fall eine wirksame Medizin.

Auch wenn nicht immer die richtige Muskulatur benützt wird. Nur was wir benützen, repariert der Körper. Er verschwendet keine Energie für nicht benützte Körperteile. Bevor wir uns aufrichteten, hatten wir sechs Lendenwirbel. Ich habe noch sechs und habe sie meiner ältesten Tochter vererbt. Jetzt haben wir fünf und es gibt schon Leute, die haben nur mehr vier. Wenn

wir uns immer weniger bewegen, dann braucht ja die Wirbelsäule nicht mehr so flexibel zu sein. Die Wirbelsäule wird dem
Bedarf angepasst und daher umgebaut.

Die Wirbelsäule ist nicht gerade.
Seitlich gesehen erkennt man vier Krümmungen:

» im Halswirbelbereich nach vorne (Lordose),
» im Brustwirbelbereich nach hinten (Kyphose),
» im Lendenwirbelbereich nach vorne und
» im Kreuzbeinbereich nach hinten.

So gebaut, kann die Wirbelsäule auf Belastungen und Erschüt-
terungen reagieren und diese abfedern.

Wenn sich diese Krümmungen verstärken, spricht man im
Volksmund von einem Bierbauch, Hohlkreuz, Witwen- oder
Hexenbuckel.

Schmerzen begleiten diese stärkeren Krümmungen.

Wenn man weiß, dass die Wirbelsäule von Bewegungsmuskeln geschützt und wie in einem Schraubstock fixiert wird, gilt es, die Bewegungsmuskulatur bei allen Bewegungen zu verwenden, durch Training zu stärken und dadurch die Haltemuskulatur zu dehnen und zu schwächen.

Wenn Sportler im Wirbelsäulenbereich Schmerzen bekommen, gilt für sie in vielen Fällen das Motto, dass eine noch stärkere Muskulatur die Lösung des Problems ist. Dabei unterscheiden sie zumeist nicht zwischen der Bewegungs- und Haltemuskulatur.

Im Bild hat die junge Frau eine sportliche Figur mit einem sehr starken Gesäßmuskel (Bewegungsmuskel) und ein Hohlkreuz im Lendenwirbelbereich. Hier kann man deutlich eine Fehlhaltung erkennen.

Worin besteht die Fehlhaltung?

Wahrscheinlich ist die innere Hüftmuskulatur (Standmuskel) im Verhältnis zur Bauchmuskulatur (Bewegungsmuskel) zu stark trainiert. Dadurch wird die Lendenwirbelsäule nach vorne gezogen. Durch diese zusätzliche Krümmung (Lordose) entstehen Probleme. Die Wirbel und Bandscheiben werden im Millimeterbereich verschoben und verursachen in weiterer Folge wahrscheinlich Schmerzen.

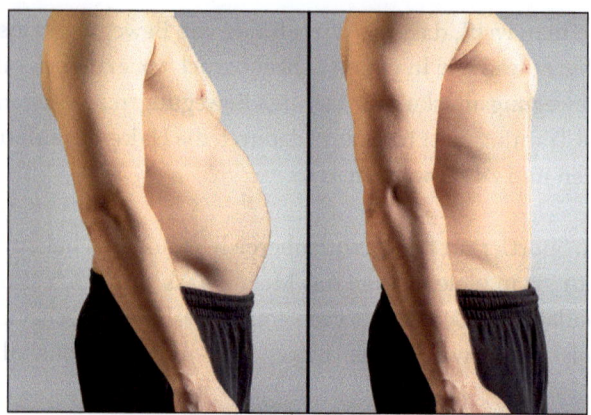

Stehen mit der
Haltemuskulatur
ist richtig.

Stehen auf der
Bewegungsmuskulatur
ist falsch.

PFLEGE DER WIRBELSÄULE

Eine sensationelle Übung hat mir meine gute Freundin Resi für das Buch zur Verfügung gestellt.

Diese Übung erfand sie nach genauer Beobachtung ihrer Kursteilnehmer und ihres eigenen Körpers. Es werden dabei die Bewegungsmuskeln rund um die Wirbelsäule trainiert und die Pflege der Wirbelsäule ermöglicht.

Sie nennt diese Übung: „Zähneputzen" für die Wirbelsäule.

Die Übung besteht aus zwei Teilen:

1. *Einatmung durch die Nase*
2. *Ausatmung durch den Mund*

1. *Man liegt mit der Haltemuskulatur auf dem Rücken, streckt die Zehen und zieht dann die Fersen zum Gesäß.*

» Jetzt atmet man langsam durch die Nase in den Bauchraum ein. Dabei wölbt sich dieser, jedoch nicht der Brustkorb.

2. *Nach der Einatmung stellt man von der Stand- auf die Bewegungs-muskulatur um.*

» Die Gesäßmuskulatur wird angespannt und der Po kräftig zusammengezwickt.
» Die Lenden- und Halswirbel nach unten gedrückt und der Bauchmuskel stark angezogen.
» Die Schultern kräftig in Richtung der Füße gezogen.
» Das Kinn zum Brustbein ziehen und darauf achten, dass der Kopf in der gleichen Lage bleibt.
» Den Mund ein wenig öffnen und ganz langsam ausatmen.

Man übt zuerst ein- und ausatmen getrennt. Wenn alle Griffe gut geübt sind, gemeinsam. Das Ziel ist erreicht, wenn man mehrere Minuten die Übung im Gleichklang mit den normalen Atemzügen machen kann.

Neben der Stärkung der Bewegungsmuskulatur ist diese Übung ein Jungbrunnen für die Wirbelsäule und die Bandscheiben.

Bei den Brustwirbeln wird die Neigung, einen Buckel (Kyphose) zu bekommen, vermindert. Bei den Hals- und Lendenwirbeln wird der Neigung zu einer nach vorne gewölbten Wirbelsäule (Lordose) entgegengewirkt.

Die Bandscheiben haben keine eigene Durchblutung und sind daher auf ihre Umgebung angewiesen. Durch den ständigen Wechsel von Stand- und Bewegungsmuskulatur bei der Atmung können die Bandscheiben „mitatmen"

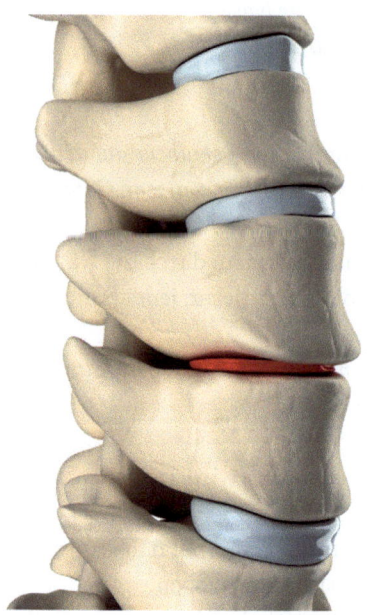

Aus der Lunge wird der restliche Sauerstoff herausgedrückt und durch den neuen Sauerstoff, der durch das offene Fenster hereinkommt, ersetzt. Man wird viel schneller munter und früher fit. Somit ist klar, dass die Übung nach dem Aufwachen im Bett gemacht wird. Im Namen der Übung steckt das Wörtchen „Zähneputzen", dies schließt ein, dass die Übung auch vor dem Einschlafen gemacht werden sollte. Da man 3x täglich die Zähne putzen soll, ist nach dem Mittagsschläfchen die richtige Zeit, die Übung ebenfalls zu machen.

Der Darm wird Ihnen für diese Übung dankbar sein, denn sie beugt Verdauungsproblemen vor.

Auch als Vorbeugung gegen diverse Wirbelsäulenschäden sollte es Ihnen diese Übungszeit wert sein.

Man erkennt, dass es sich um eine wirklich sensationelle MULTI-ÜBUNG handelt, die sich Resi ausgedacht hat. Diese Übung macht uns fit und schenkt uns eine neue Lebensqualität.

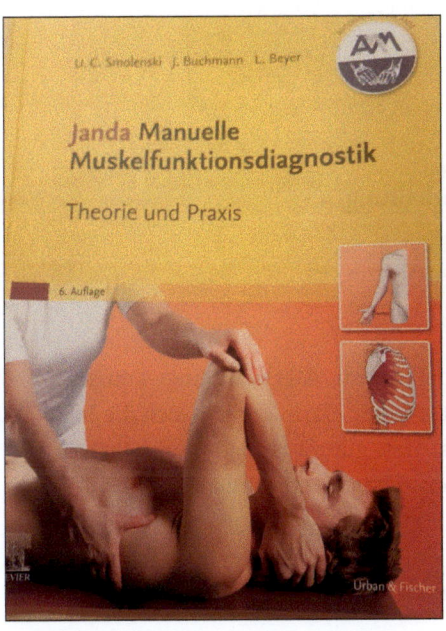

Für alle, die sich für die Muskulatur interessieren, empfiehlt Resi Jandas „Manuelle Muskelfunktionsdiagnostik"

Es ist ihr Lieblingsbuch.

DIE HALTEMUSKULATUR

Jetzt befassen wir uns ausführlich mit der Haltemuskulatur und ich fasse am Beispiel der inneren Hüftmuskulatur kurz zusammen.

Als wir uns im Zuge der biologischen Evolution aufrichteten, dehnte sich der innere Hüftmuskel (Standmuskel) von der 90 Grad-Stellung auf 180 Grad. Da er noch immer in seine ursprüngliche Lage zurück möchte, zieht er bei einem schwachen Bauchmuskel die Lendenwirbel nach vorne. Die sich daraus ergebenden Folgen kennen wir ja zur Genüge.

Die Haltemuskulatur wird nur zum Stehen, Setzen und Liegen verwendet. Da diese Muskulatur 7x weniger Sauerstoff als die Bewegungsmuskulatur verbraucht, wird sie sehr oft für Bewegungen verwendet.

1. Liegen
2. Sitzen
3. Stehen
4. Droschkenkutscherhaltung

1. LIEGEN

Unsere Rückseite ist nicht linear. Alle Erhebungen müssen einsinken und so gestützt werden. Dann können sich die Muskeln entspannen und man schläft gut. Es ist daher sehr wichtig, den richtigen Härtegrad der Matratze zu wählen.

Besonders wichtig ist, dass das Gesäß einsinkt, damit sich die Lendenwirbel entspannen können.

Wenn Sie nicht in Ihrem eigenen Bett liegen können, prüfen Sie, ob ihre Lendenwirbel gut aufliegen. Ist das nicht der Fall, dann falten Sie ein Handtuch und gleichen den Unterschied aus.

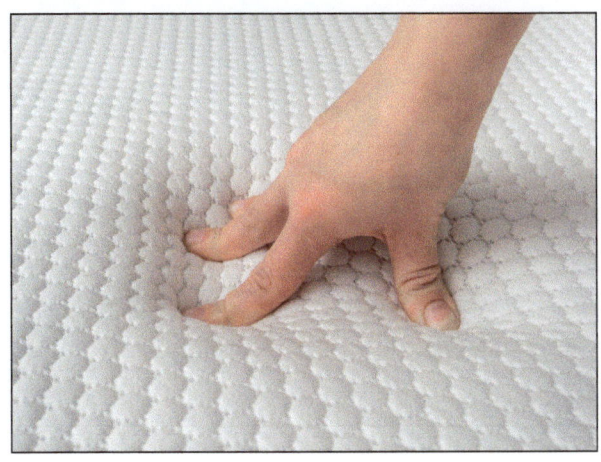

In der Seitenlage müsste sich die Hüfte stärker eindrücken als das Gesäß. Dies ist bei einer Matratze mit durchgehend gleichem Härtegrad fast nicht möglich. Die Wirbelsäule biegt sich seitlich. Dies ist für die Wirbel schlecht, für die Bandscheiben aber erträglich.

Auf keinen Fall möchte ich Ihnen das Einschlafen mit einem geliebten Menschen in der „Löffelchenstellung" vermiesen. Die ganze Nacht hält man es ohnedies nicht in dieser Stellung durch.

Wenn Sie auf dem Bauch liegen, belastet dies Ihre verdrehte Halswirbelsäule ganz besonders stark.

Im Bett liegen Sie auf der Standmuskulatur, wenn Sie sich drehen oder aufsetzen, müssen Sie auf die Bewegungsmuskulatur umstellen. Wenn Sie wach sind, ist das kein Problem. Im Schlaf ist das nicht möglich. Bei bereits geschädigter Wirbelsäule können bei den Körperdrehungen möglicherweise Schmerzen entstehen und man wird wach.

Es ist daher besser, möglichst viel am Rücken zu liegen. Ich tue das konsequent, was mir mein Lungenfacharzt in den Befunden der Jahre 2018 und 2019 bestätigt.

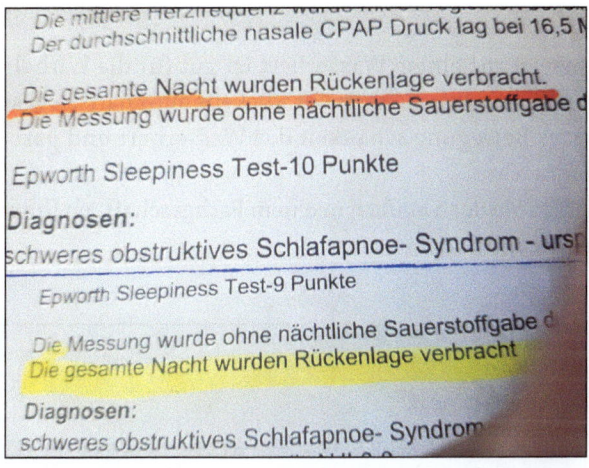

Im Sommerurlaub kann man sich im Sand seinen Rücken modellieren.

Am Abdruck des Modells erkennt man, dass alle Erhebungen der Rückseite (Kopf, Schultern, Bögen der Wirbelsäule, Gesäß, Waden und Fersen) gestützt werden.

Diese Vorzüge muss eine gute Matratze aufweisen.

Gut schlafen kann man nur, wenn der Rücken zur Gänze aufliegt und sich die Muskulatur entspannt.

Das Liegen auf einem Wasserbett ist gut für die Wirbelsäule. Es werden alle Erhebungen des Rückens automatisch gestützt. Bei jeder Bewegung schaukelt das Wasserbett und passt sich wieder neu an.

Testen Sie doch einfach in einem Fachgeschäft, ob Ihnen diese Liegemöglichkeit zusagt.

Es ist ganz wichtig, vor dem Kauf eine Nacht auf einem Wasserbett zu schlafen. Um zu erkennen ob man das Schaukeln als angenehm empfindet oder nicht „seekrank" wird.

Ist das ein „Wasserbett" oder ein „Bett im Wasser"?

2. SITZEN

Sich richtig zu setzen und zu sitzen gehört zu den wichtigsten Körperhaltungen. Zuhause und ganz besonders im Büro und in der Schule.

Sitzen im Fauteuil

Polstermöbel sind sehr oft mehr fürs Auge als für die Wirbelsäule konzipiert.

Sie stehen vor dem Polstersessel, ziehen die Bewegungsmuskulatur an, insbesondere die Bauchmuskulatur,

und setzen sich ohne Zuhilfenahme der Hände.

Im Sitzen dann auf die Haltemuskulatur umstellen. Hüfte, Knie und Knöchel sind in 90 Grad-Stellung.

Wenn Ihre Bewegungsmuskulatur noch nicht kräftig genug ist,

können Sie die Arme als Gegengewicht nach vorne strecken.

Beim Aufstehen wieder auf die Bewegungsmuskulatur umstellen und Bauchmuskel anziehen.

Bei schwächerer Bewegungsmuskulatur strecken Sie die Arme wieder waagrecht nach vorne.

Wenn man stehen bleibt, schaltet man auf die Haltemuskulatur um.

Wenn man sofort weggeht, bleiben die Bewegungsmuskeln angespannt.

BITTE NICHT SO, DAS IST FALSCH!

Fehlhaltungen entstehen zumeist, wenn wir das Setzen und Aufstehen mit den Standmuskeln durchführen. Diese Muskeln benötigen 7x weniger Sauerstoff und es erscheint ökonomisch, diese Muskulatur zu benützen. Leider ist dabei die Wirbelsäule nicht geschützt.

Beim Setzen mit der Standmuskulatur schafft man es nicht ohne die Zuhilfenahme der Hände.

Diese Stellung auf dem Bild ist vordergründig bequem, aber die Wirbelsäule wird gebogen, belastet und nicht geschützt.

Aus dieser Haltung können Sie nicht ohne Zuhilfenahme der Hände aufstehen.

Mithilfe der Hände müssen Sie sich nach vorne schieben

und dann mit
Schwung aufstehen.

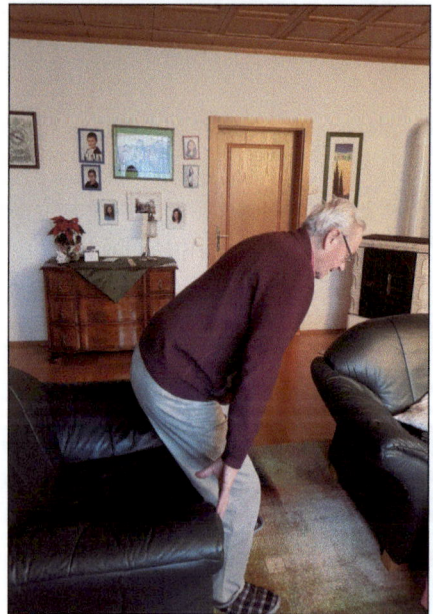

Den Kopf verwendet
man dabei als Ge-
gengewicht.

Wenn man gleich
weggehen will,
braucht man zu-
meist einige Schrit-
te, bis man wie-
der aufrecht gehen
kann.

Sitzen auf einem Stuhl

Man steht ganz nah beim Stuhl und berührt ihn mit der Rückseite der Beine. So ist man sicher, dass der Stuhl richtig steht.

Man schaltet mit stark angezogenem Bauchmuskel auf die Bewegungsmuskulatur und setzt sich. In der Anfangszeit ev. mit ausgestreckten Armen als Gegengewicht.

Man sitzt nun entspannt auf der Standmuskulatur in der dreifachen 90 Grad-Stellung.

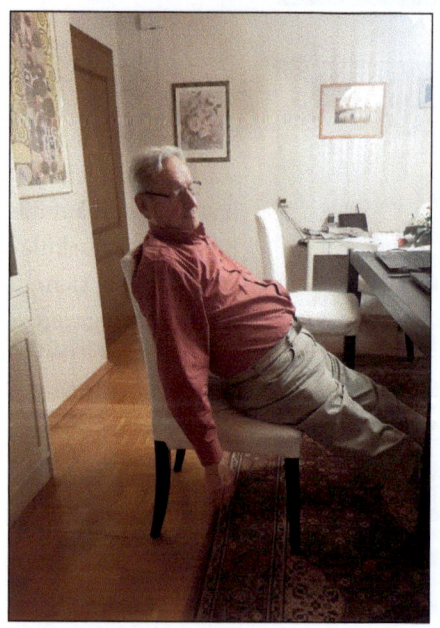

Das Foto zeigt als Negativbeispiel die durchgestreckte Wirbelsäule. Diese Haltung nimmt man als scheinbare Entlastung ein, wenn das falsche Sitzen bereits schmerzhaft wird.

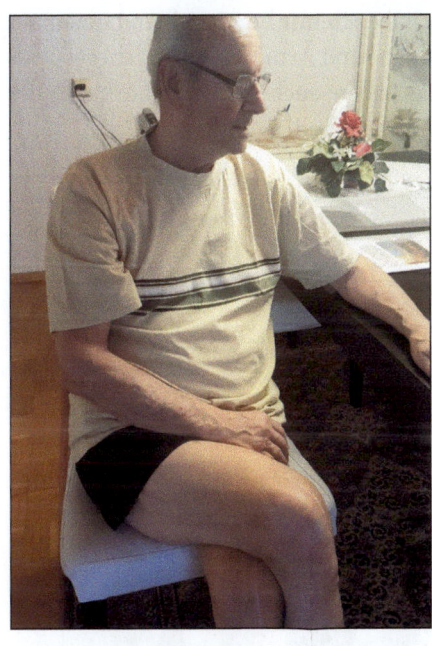

Bei längerem Sitzen kann man, um eine Fehlhaltung zu vermeiden, die Beine übereinander lagern. Wenn Sie alleine sind, können Sie die für Sie angenehmste Sitzhaltung wählen. In Gesellschaft ist die Körpersprache zu beachten.

Wenn das obere Knie zum Gesprächspartner zeigt, bedeutet dies Hinwendung, Zuneigung und Zuhören.

Wenn das obere Knie vom Gesprächspartner weg zeigt, bedeutet es Ablehnung und Desinteresse.

Falls nicht ein körperliches Gebrechen vorliegt.

Wo steht mein Lieblingsstuhl?

Für das ganz hohe Alter habe ich mir bereits einen bequemen Jugendstilsessel mit Rücken- und Armlehnen zurechtgerückt. Dort genieße ich dann das Leben, auch wenn mir nur mehr der Wein und der Gesang geblieben sind.

3. STEHEN

Zum Stehen benötigen Sie wenig Energie. Daher ist es nicht notwendig, im Alltag eine starke Haltemuskulatur zu haben. Genau das Gegenteil ist notwendig, diese Muskelgruppe gehört gedehnt.

Man belastet beide Beine gleich und lässtdie Arme hängen. Der Bauchmuskel ist entspannt. Die Wirbelsäule muss nicht geschützt werden, da sie in dieser Position nicht belastet wird.

Es gibt viele Fehlstellungen. Nachstehend einige Beispiele.

Nur ein Bein belasten und sich mit der Hand abstützen, damit man nicht umfällt.

Ein Knie leicht beugen, dadurch ist die Hüfte nicht mehr waagrecht.

4. DROSCHKENKUTSCHERHALTUNG

Vor der Erfindung des Autos war der Pferdewagen das wichtigste Beförderungsmittel zu Lande für Menschen und Waren. Die damaligen „Herren der Landstraße" hatten oft Wartezeiten bis zur nächsten Fahrt. Sie verbrachten diese Zeit mit der Pferdeversorgung, im Gasthaus oder am Kutschbock. Grundsätzlich saßen die Kutscher während der Fahrt in einer dreimaligen 90 Grad Haltung auf der Standmuskulatur.

Bei Wartezeiten rückten sie etwas vor, neigten den Oberkörper nach vorne und stützten sich mit den Armen am Oberschenkel ab. In dieser entspannten Haltung dösten sie vor sich hin oder schliefen ein. Danach fühlten sie sich erholt und regeneriert.

Die Pferde erhielten zur Stärkung einen Kübel frisches Wasser und einen Hafersack vor das Maul gehängt. Dann dösten sie im Stehen und erholten sich. An kälteren Tagen wurde ihnen auch eine schwere Decke übergeworfen.

Diese Ruhehaltung der Kutscher wurde mit der Zeit „Droschkenkutscherhaltung" genannt. Im Bild eine Fiakerin am Residenzplatz in Salzburg.

Eine ähnliche Haltung gibt es beim Autogenen Training, wo neben der „einfachen" Sitzhaltung „auch" der Kutschersitz" eingenommen wird. Der Rücken ist etwas runder und die Abstützung kraftvoller.

Es gibt auch die Übung „Kutschensitz". Diese Übung dauert 40 Sekunden. Die Ellbogen werden zuerst auf den Knien abgestützt. Anschließend wird der Rücken stark gebeugt und die Arme gleiten zwischen den Schenkeln zum Boden. Nach 30 Sekunden wieder langsam in die Ausgangsstellung zurück.

Eine einfache Übung bei Asthma ist der „Kutschersitz", der einer Verengung der Atemwege entgegenwirkt und dadurch das Atmen erleichtert. Bei dieser Haltung wird das Gewicht auf die Arme verlagert.

Sie sehen, dass die Droschkenkutscherhaltung in vielen anderen Bereichen Eingang gefunden hat.

Im Bild fährt ein Fiaker in Wien, Innere Stadt, auf die Barockkirche St. Peter zu.

Was ist der Unterschied zwischen Wiener und Salzburger Fiaker? (Die Wiener tragen eine Melone und die Salzburger einen Trachtenhut.)

DIE BEWEGUNGSMUSKULATUR

Die Bewegungsmuskulatur ist für Bewegungen aller Art vorgesehen. Es ist zu Beginn nicht leicht, sich in den vielen Fällen des Alltags daran zu halten. Hier muss man aus seinen Anfangsfehlern lernen und darf die Bemühungen nicht aufgeben.

Die Bewegungsmuskulatur kann kurzfristig für sehr hohe Schnelligkeit und Kraft eingesetzt werden. Sie wird besonders bei der Flucht vor einer Gefahr verwendet. Die Muskulatur benötigt 7x mehr Sauerstoff als die Standmuskulatur. Daher ist der vorhandene Sauerstoff wesentlich früher verbraucht.

Das sieht man zum Beispiel bei einem 100 m-Läufer, der extrem mit der Bewegungsmuskulatur läuft und bereits nach 10 Sekunden um Luft ringt. Diese Muskulatur muss regelmäßig benützt werden, sonst erschlafft sie und kann die gestellten Aufgaben nicht mehr erfüllen.

1. Gehen
2. Laufen (Hobby- und Leistungssport)
3. Tragen und heben

1. GEHEN

Beim Gehen auf der Bewegungsmuskulatur verbrauchen wir mehr Sauerstoff als mit der Haltemuskulatur. Daher verwenden wir so gerne diese Muskulatur zum Gehen, insbesondere wenn wir müde sind. Die Haltemuskulatur schützt die Wirbelsäule nicht und Stößekönnen kaum aufgefangen werden. Nur die Bewegungsmuskulatur schützt die Wirbelsäule.

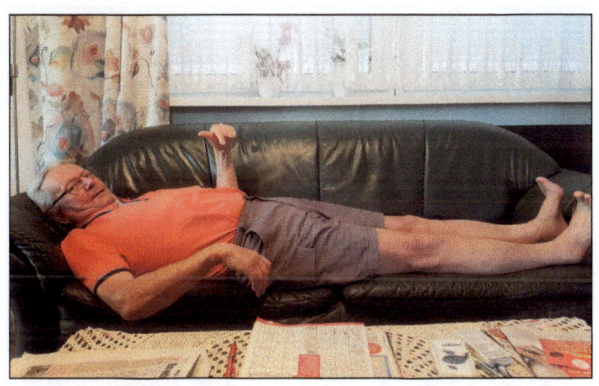

Der innere Hüftmuskel (Haltemuskel) zieht die ungeschützte Wirbelsäule im Bereich der Lendenwirbel nach vorne. Dadurch können sich diese Wirbel verschieben. Bei einer starken Belastung der Wirbelsäule führt das möglicherweise zu Entzündungen und den damit verbundenen Schmerzen.

Wenn man im Liegen die Zehen zum Körper zieht und den Bauchmuskel angespannt ist man auf der gesamten Bewegungsmuskelkette des Körpers. Jetzt kann man sich bewegen und die Wirbelsäule ist geschützt.

Wenn man sitzend oder stehend von Stand- auf die Bewegungsmuskulatur übergehen will, genügt es, den Bauchmuskel stark anzuziehen, damit man auf die Bewegungsmuskulatur umschaltet.

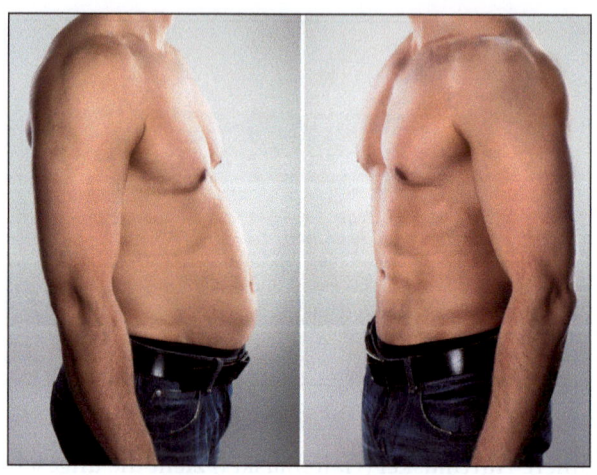

Haltemuskulatur   *Bewegungsmuskulatur*

Da wir immer weniger gehen, zu viel fahren und oft die Haltemuskulatur für die Bewegung benützen, wird die Bewegungsmuskulatur immer schwächer und länger, statt kraftvoller und
kürzer. Mit dem Verleih von Elektrorollern (Scooter) in den
Städten beginnt ein Trend, der sich bald auf das ganze Land
ausdehnen wird. Man geht dann vom Kleinkind bis zum Greis
bald noch weniger.

In Verbindung mit der Handyspielsucht wird sich wahrscheinlich
die Wirbelsäule und damit die Haltung des Körpers verändern.

Normales Gehen

Wenn man mit der angespannten Bewegungsmuskulatur geht, dann ergibt das eine aufrechte und straffe Haltung. Wählen Sie eine nicht zu lange Schrittlänge und gehen Sie möglichst zügig. Je stärker ihre Bewegungsmuskulatur ist, desto weiter können Sie damit gehen.

Wenn Sie den Bauchmuskel nicht mehr halten können, legen Sie eine kurze Rast ein und gehen dann wieder auf der richtigen Muskulatur weiter.

Lange, ausholende Schritte

Wenn man die Schrittlänge vergrößert. kann man nur mehr sehr schwer die Bewegungsmuskulatur halten und geht fast automatisch auf die falsche Muskulatur über.

Kurze, schnelle Schritte

Wenn man schneller gehen möchte, verkürzt man die Schrittlänge. Man ist dann fast so schnell, als würde man langsam laufen. Der Vorteil dabei ist, dass dabei die Gelenke nicht zusätzlich belastet werden.

Der Nachteil ist, dass man nur kürzere Strecken so gehen kann, da der Sauerstoffverbrauch höher ist.

Dieser Bergfex läuft auf dem Grat und das Moos wird aufgewirbelt. Nur mit extrem angezogener Bewegungsmuskulatur kann er den Lauf, ohne abzustürzen, zu Ende bringen. Ein echter Bergsteiger geht auf dem Grat, also dürfte es ein sensationshungriger Urlauber sein, der sein Können nicht richtig einschätzt.

Gehen lernen

Gehen ist, sich in aufrechter Haltung auf den Füßen schrittweise fortzubewegen. Der Mensch benötigt dazu ein ganzes Jahr, der Vierfüßler nur eine Stunde.

In beiden Fällen spielt der innere Hüftmuskel (Haltemuskel) eine große Rolle.

Dem Vierfüßler hilft er dabei, sofort zu stehen und die Zitzen zu erreichen, da er die Hinterbeine im rechten Winkel zur Wirbelsäule hält. Er muss auch sofort mit der Herde mitziehen, da er sonst eine leichte Beute für ein Raubtier ist.

Den Menschen behindert der innere Hüftmuskel, da er zuerst von 90 auf 180 Grad gedehnt werden muss. Erst dann kann das Baby auf den Füßen stehen und gehen.

Nordic Walking

Nun noch zu einer ganz speziellen Fortbewegungsart zwischen Gehen und Laufen, das schnelle Gehen:

Nordic Walking. Laut Wikipedia ist „Nordic Walking" eine Ausdauersportart, bei der schnelles Gehen durch den Einsatz von zwei Stöcken im Rhythmus der Schritte unterstützt wird. Es kann als Variante des Breitensports Walking angesehen werden." Es werden dabei 90 % der gesamten Muskulatur trainiert und es kommt zu einem sehr hohen Energieverbrauch (Sauerstoff).

Betrachtet man beim Nordic Walking die Stärkung der Bewegungsmuskulatur, dann bemerkt man, dass die drei Komponenten:

a. Stärkung der Bewegungsmuskulatur,
b. Ausdauersport und
c. Energieverbrauch

nicht unter einen „Hut" zu bringen sind.

a. Stärkung der Bewegungsmuskulatur

Wenn man 90 % der Muskeln betätigt, dann sind bei diesen ca. 600 Muskeln auch viele Standmuskeln dabei. Das will man ja beim Muskelaufbau der Bewegungsmuskulatur vermeiden. Die Frau rechts geht wahrscheinlich schon auf der Haltemuskulatur.

b. Ausdauersport

Mit der Bewegungsmuskulatur kann man keine Ausdauersportart durchführen, da man diese Muskulatur nicht lange angespannt halten kann. Diese Distanzen sind den Profis vorbehalten. Trotz guter Wanderschuhe schmerzt die Standmuskulatur, daher dehnen.

c. Energieverbrauch

Bei einem sehr hohen Energieverbrauch mit der Bewegungsmuskulatur schaltet man schon nach kurzer Zeit auf die Standmuskulatur um und die Bewegungsmuskulatur wird dadurch geschwächt. Wir wollen jedoch genau das Gegenteil erreichen. Noch schlechter ist es, gleich mit der Haltemuskulatur zu starten.

Wandern ist die bessere Art, die richtigen Muskeln zu stärken. Mit und ohne Stöcke, wie am Bild zu sehen ist. In einer netten Runde zu wandern stärkt Körper, Geist und Seele.

2. LAUFEN

Egal, ob Sie dem Autobus nachlaufen oder einem 100 m Lauf starten, man muss immer mit der Bewegungsmuskulatur laufen, um sein Ziel schnell zu erreichen.

Dem Autobus jagt man nur wenige Sekunden hinterher,

trotzdem sitzt man
dann keuchend auf
dem Sitz und muss
sich erholen.

Hobbysportler erzählen gerne, wie viele Kilometer sie gelaufen sind. Sie halten ihre Leistung für überdurchschnittlich und freuen sich. Sie sind jedoch wahrscheinlich nicht die ganze Strecke mit der Bewegungsmuskulatur gelaufen. Nur wenn auf dieser Muskelgruppe gelaufen wird, verkürzen sich diese Muskeln, werden kräftiger und die Haltemuskulatur verliert an Kraft. Das ist das Wechselspiel dieser beiden Muskelgruppen. Das ist eine Win-Win-Situation. Wird zum Beispiel je zur Hälfte mit den beiden Muskelgruppen gelaufen, dann verändert sich nichts an der Muskelkraftverteilung.

Ganz schlecht ist es, nur auf der Standmuskulatur zu laufen, denn dadurch verlängert sich der Bewegungsmuskel und wird schwächer.

100 m-Lauf

Der 100 m-Läufer startet mit geballter Energie auf der Bewegungsmuskulatur, um extrem schnell laufen zu können. Nach 10 Sekunden ringt er nach Luft und muss sich erholen. Auch der Sieger muss vor der Ehrenrunde ausschnaufen, obwohl er jede Menge Adrenalin im Körper hat.

Siebenkampf der Frauen

Seit 2004 gibt es in dieser Form den Sieben- und 10-Kampf der Frauen. Bei den wichtigsten internationalen Veranstaltungen wird nur der Siebenkampf ausgetragen. Die sieben Disziplinen werden auf zwei Wettkampftage aufgeteilt.

Für die Disziplinen Hürdenlauf, Hochsprung, 200 mLauf, Weitsprung und 800 mLauf genügt es, wenn man die Bewegungsmuskulatur sehr gut trainiert. Für Kugelstoß und Speerwurf ist eine besonders starke Bewegungsmuskulatur im Schulterbereich und den Armen erforderlich.

Es wäre ungünstig für die Siebenkämpferinnen, wenn sie die Muskulatur so aufbauen würden wie die übergewichtigen Spezialistinnen im Kugelstoß. Ich meine hier nur die Muskulatur und nicht die technische Ausführung.

Nach sechs Disziplinen ist der abschließende 800 m-Lauf eine sehr kräfteraubende Disziplin und die Frauen sind nach diesem Lauf zumeist erschöpft. Sie haben für diese Disziplin die gesamte noch vorhandene Energie eingesetzt.

Marathon

Der Marathonläufer startet im Vergleich zum 100 m-Läufer gemächlich.

Auf der Zielgeraden sind ihm einige HundertstelSekunden nicht mehr so wichtig. Sie sind glücklich, dass sie das Ziel, nach den großen Anstrengungen, erreicht haben.

Der Läufer kann die mehr als 42 Kilometer nicht zur Gänze mit der Bewegungsmuskulatur laufen. Er muss teilweise die Standmuskulatur benützen.

So beginnt so mancher Marathonlauf gemächlich auf der Haltemuskulatur. Bis dann ein Läufer, der noch über genügend Sauerstoffreserven verfügt, mit der Bewegungsmuskulatur einen Zwischensprint einleitet.

Ein Teil der Läufer kann mithalten und der Rest bleibt zurück. Wenn der führende Läufer wieder langsamer wird, also auf die Haltemuskulatur umschaltet, bleibt die restliche Gruppe bei-

sammen. Der nächste Zwischensprint wird noch kräfterauben-
der und das Jagen beginnt von Neuem.

Auf der Zielgeraden kann man sehr gut sehen, auf welcher Muskelgruppe gelaufen wird. Beim Zielsprint gewinnt jener Läufer
mit den größten Sauerstoffreserven am Bewegungsmuskel. Er
überholt locker einen vor ihm Laufenden, der schon die Halte-
muskeln benutzen muss.

Emil Zatopek „Die Lokomotive aus Prag"

Seit meiner Jugend bewundere ich den tschechischen Langstre-
ckenläufer Emil Zatopek (1922–2000).

Mit seinem Trainer Jan Haluza entwickelte er einen eigenen
Laufstil auf Basis des Intervalltrainings, ein tägliches Laufen
mit Tempowechsel. Zatopek revolutionierte diese Trainingsform
durch eine extrem hohe Wiederholungszahl von Belastungen.
So lief er an Übungstagen zum Beispiel 40 Mal 400 m in Mili-
tärstiefeln.

Sein unverwechselbarer Laufstil wurde zuerst belächelt und dien-
te der „Fachwelt" zur allgemeinen Belustigung. Seine rudern-

den Armbewegungen und die schwerfällig anmutenden Beine brachten ihm den Beinamen „octopus" ein. Aber später, nach seinem ersten Olympiasieg 1948, nannte man ihn ehrfurchtsvoll „Die Lokomotive aus Prag".

Sein unorthodoxer Laufstil sorgt bis heute für kontroverse Diskussionen darüber, ob ökonomisch-sauberes Laufen sinnvoll sei, wie es viele andere Läufer vorzeigen. Als Antwort auf die große Kritik an seinem Laufstil erklärte er einmal: „Ich werde sofort einen besseren Laufstil lernen, sobald man beginnt, das Laufen nach seiner Schönheit zu beurteilen. Solange es um die Geschwindigkeit geht, wird sich meine Aufmerksamkeit darauf richten, zu schauen, wie schnell ich die Strecke zurücklegen kann."

Als Sportler ist er unsterblich, als er 1952 3-facher Olympiasieger wurde. Als Mensch ist er mir sympathisch, weil er sich über die Goldmedaille seiner Frau Dana im Speerwurf mehr freute als über die eigenen Medaillen.

Dabei ist der Laufstil von Emil Zatopek einfach zu analysieren. Grundsätzlich lief er auf den Haltemuskel und nannte es „traben". Das ist zwar die falsche Muskulatur, doch so sparte er viel Sauerstoff.

Diese Einsparung investierte er bei seinen vielen Zwischensprints auf der Bewegungsmuskulatur. Dadurch brachte er das Laufprogramm seiner Gegner durcheinander. Er sparte sich noch genügend Sauerstoff für einen kraftvollen Endspurt, natürlich wieder auf der schnellen Bewegungsmuskulatur.

Neben dem Marathon lief er auch die 5.000 und 10.000 Meter sehr erfolgreich.

Während des Rennens war er ernst und kampfbetont. Im Ziel konnte er sich, still und leise, über seinen Sieg freuen. Im Alter hatte er Herz-Kreislauf Probleme und starke Schmerzen im Lendenwirbelbereich. 2000 starb er mit 78 Jahren in Prag.

Wer sich näher mit Emil Zatopek befassen möchte, dem würde ich sein Buch „Emil Zatopek erzählt" empfehlen. Diesem Buch sind alle angeführten Zitate und Texte entnommen.

Hochsprung

So sprang man einst mit geradem Anlauf.

Neben dieser Technik gab es noch den „Scherensprung" und den „Bauchwälzer". Bei diesen beiden Sprüngen lief man nicht mehr ganz gerade an und hatte eine zusätzliche, jedoch geringe Fliehkraft zur Verfügung.

Der amerikanische Leichtathlet Richard Douglas Fosbury wendete bei der Sommerolympiade 1968 den bis dahin unbekannten „Flosbury-Flop" an und wurde Olympiasieger.

Seither wird nur mehr diese Sprungart angewendet. Fosbury stellte den bisherigen Vorwärtssprung auf einem Rückwärtssprung um und überquerte die Latte mit dem Rücken. Seine Leistungsfähigkeit wurde dadurch wesentlich erhöht. So kann man die Bewegungsmuskulatur der Beine optimal in Höhe umsetzen. Sozusagen ein Froschsprung rückwärts. Damit ist der Hochsprung neben dem Rückwärtslauf die einzige Disziplin, mit der man den Sieg rückwärts erzielt.

Interessieren würde mich, ob ein paralleler Anlauf zur Latte etwas bringt. Der Anlauf wäre dann wie beim Weitsprung. Lässt sich diese höhere Anlaufgeschwindigkeit in Höhe umsetzen? Die Sprungrichtung müsste ungefähr 20 Grad verändert werden. Es ist die Frage, ob die Fliehkraft oder die höhere Anlaufgeschwindigkeit in mehr Höhe umgesetzt werden kann.

Fußball,

er hat sich in Österreich zum Volkssport Nr.1. entwickelt, weil mit Begeisterung regelmäßig gespielt wird. Beim österreichischen Fußballbund gibt es über 300.000 aktive Spieler, davon sind über 50 % Kinder und Jugendliche. Für den Leistungssport gibt es Mittelschulen und Akademien mit dem Schwerpunkt Fußball.

Auch wenn 99 % der Fußballspieler etwas tun, muss es noch lange nicht richtig sein.

Fast alle Fußballer legen sich den Ball beim Elfer, Freistoß oder Eckball mit der Haltenmuskulatur auf, obwohl es eine Bewegung ist.

Die Frauen schauten es sich bei den Männern ab und die Kinder bei den Erwachsenen und übernahmen diese Bewegung ungeprüft.

Kinder ahmen uns in den Verhaltensweisen der tagtäglichen Handlungen nach. Es ist daher wichtig den Kindern, ein positives Vorleben zu zeigen.

Vor einigen Jahren habe ich das Suppenteller geneigt, um die restliche Suppe besser auslöffeln zu können. Mein Enkel machte es nach, nur sein Teller war noch halb voll.

Die Kinder haben die natürlichen Bewegungen der Kindheit vergessen. Damals machten sie es automatisch richtig. Sie beugten die Gelenke und waren so automatisch auf der Bewegungsmuskulatur.

Warum springt Ronaldo in Tornähe höher als die anderen Mitspieler und ist blitzschnell zur Stelle, wenn sich eine Torchance ergibt? Er benützt die Bewegungsmuskulatur wie ein 100 m-Läufer. Kurzfristig kann so mit der Bewegungsmuskulatur eine Spitzenleistung erreicht werden.

Das Bild zeigt zwar nicht Ronaldos Bauchmuskulatur, doch auch die Bewegungsmuskulatur dieses Herrn ist hervorragend trainiert.

Wenn die Medien einen Spieler loben, der 15 Kilometer in einem Match gelaufen ist, dann ist das bei einer Spielzeit von 90 Minuten eine Durchschnittsgeschwindigkeit von ca. 10km/h. Ein sehr guter Marathonläufer läuft im Durchschnitt ca. 20km/h. Der Fußballer kann das nicht zur Gänze mit der Bewegungsmuskulatur laufen und wird mit zunehmender Spielzeit immer langsamer. Dieser Spieler ist ein sehr guter Läufer. Der Sinn des Spieles ist jedoch, „den Ball laufen zu lassen". Ronaldo hingegen läuft wesentlich weniger Kilometer und ist bis zur letzten Minute schnell und torgefährlich.

Obwohl „fair play" in den Spielregeln steht, wird das Spiel immer kampfbetonter. Wenn man die „Ultras" im Fußballstadion bei einer Fernsehübertragung wüten sieht, hat das nichts mehr mit Spielen zu tun.

Eine „Kampfszenen" im Spiel ist das Hineingrätschen. Wenn ein Spieler erkennt, dass er den Ball nicht vor dem Gegenspieler erreichen kann, versucht er es mit dem gestreckten Bein, um den Spielzug des Gegners zu stören. Bei dieser Bewegung ist der Spieler auf der Haltemuskulatur und kann die eingeleitete Aktion nicht mehr verändern. Wenn er den Ball nicht erreicht, ackert er den Rasen um oder trifft den Gegenspieler. Letzteres kann sehr schmerzhaft sein. Daher ist das Hineingrätschen ein „russisches Roulette".

Fußball ist ein Bewegungsspiel und daher mit der Bewegungsmuskulatur zu spielen. Die Haltemuskulatur wird nur beim Stehen benützt. Bereits vor einem Sprint ist die Bewegungsmuskulatur zu aktivieren, um schnell starten oder beschleunigen zu können.

„*Zwei junge Ingenieure aus Oberösterreich erfanden die ersten Edelstahlschraubstollen, umhüllt von einem Aluminiumkörper. Seit Kurzem nicht nur in Silber, sondern auch in Gold und Schwarz. Das Patent ist in Anmeldung.*" (Aus einem Artikel der Kronen Zeitung vom 12.10.2020.)

Diese Stollen halten länger und können schnell ausgewechselt werden. Die Metallstollen verursachen möglicherweise mehr Schmerzen beim Gegner, insbesondere die Muskelfasern der Bewegungsmuskulatur sind gefährdet.

„Schnellreparatur"

„Allzeit Bereit"

Erfreuen wir uns an den Kindern, die mit dem Ball noch spielen.

Auch Behinderte betreiben gerne den Fußballsport und viele Sportler setzen sich als hohes Ziel die Teilnahme an den Paraolympischen Spielen. Für den Behindertensport muss man eine besonders gute Bewegungsmuskulatur haben, einerseits um das Gleichgewicht zu halten und andererseits um bei Spielzügen rasch reagieren zu können.

Beim Blindenfußball wird mit einem Rasselball gespielt und der Trainer unterstützt zusätzlich die Spielzüge der Spieler durch Zurufe. Der fehlende Sinn wird durch die anderen Sinne, insbesondere das Gehör, zum überwiegenden Teil ausgeglichen und man muss ständig am Bewegungsmuskel sein, um ganz rasch reagieren zu können. Österreich hat eine Frauen Nationalmannschaft, die international spielt. Beim SK Rapid können sehbehinderte Kinder im imAlter von 6 bis 13 Jahren an einem Schnuppertraining teilnehmen.

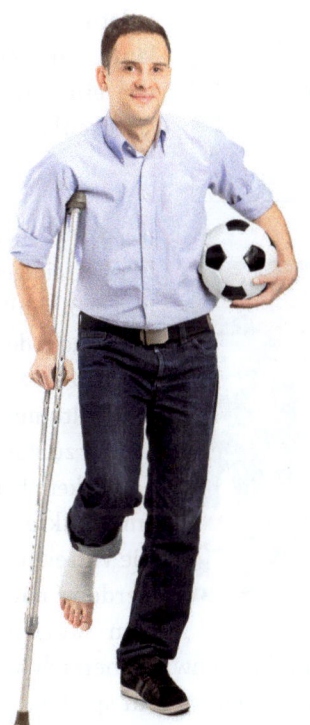

Die Fußballbegeisterung bleibt zumindest so lange, als die Verletzungen als Kollateralschäden gesehen werden und die Gesundheitskasse und die Arbeitgeber die Kosten für die Genesung tragen.

„Ein schönes Spiel" wünscht man sich vor Beginn eines Bridgespieles, würde auch zum Fußballspiel passen.

Der Ball lässt ihn nicht los!!!

American Football

Beim Football gibt es viele Regeln und ich stelle das Spiel vereinfacht dar.

Die Mannschaft, die den Ball spielt, hat die Angreifer am Feld und versucht, den Ball in die Endzone des Gegners zu tragen. Der Gegner will das verhindern und schickt seine Verteidiger aufs Spielfeld.

An dem Angreifer mit dem Ball sieht man, dass er mit der Bewegungsmuskulatur schnell läuft. Ähnlich wie ein Kurzstreckenläufer.

Der Verteidiger in der Bildmitte versucht den Angreifer auf der Haltemuskulatur zu stoppen. Erkennbar am Hohlkreuz. Die Verteidiger werden nach dem aktiven Sport möglicherweise Probleme im Lendenwirbelbereich bekommen, da sie zumeist auf der Haltemuskulatur spielen.

Skifahren

Auch ein österreichischer Volkssport Nr. 1.

Am 12.Jänner 2019 erlitt Anna Veith bei einem Trainingslauf einen Kreuzbandriss, ohne zu stürzen. Der Präsident gab sich bei einem Fernsehinterview diesbezüglich ratlos. Sofort habe ich brieflich dem ÖSV, leider vergeblich, meine Hilfe bei der Analyse angeboten.

Was läuft da schief, wenn so viele Skirennläufer bereits zum Saisonbeginn 2020/21 noch oder schon wieder verletzt sind? Es liegt möglicherweise am Muskelaufbau, weil wenig Kenntnisse über die Stand- (Halte-) und Bewegungsmuskulatur vorhanden sind.

Um bei diesem Trainingstorlauf schnell zu sein, benützte Anna Veith natürlich die Bewegungsmuskulatur. Nach dem letzten Tor stellte sie auf die Haltemuskulatur um, obwohl sie noch fuhr, also sich bewegte. Als sie ein kleines Hindernis spürte, schaltete Anna Veith blitzartig auf die Bewegungsmuskulatur zurück, um das Gleichgewicht nicht zu verlieren. Dabei wurde eine große Energie freigesetzt.

Die sehr gut trainierte Bewegungsmuskulatur hielt stand, nicht jedoch das bereits vorher geschädigte Kreuzband. Man kann es auch umdrehen und sagen, dass die Bewegungsmuskulatur im Verhältnis zum geschädigten Kreuzband zu stark trainiert war. So kann man sich das Kreuzband reißen, ohne zu stürzen.

Die Krankenhäuser sind im Winter voll mit verletzten Skifahrern.

Der Freizeitsportler sollte bereits im Herbst für den Winter trainieren und die Wechselwirkung der Halte- und Bewegungsmuskulatur berücksichtigen. Das könnte eventuell die Sportverletzungen reduzieren.

„Massentourismus"
„Ski und Knochen heil"

3. HEBEN UND TRAGEN

So hebt man richtig.

In die Knie gehen und den Rücken gerade halten.

Bauchmuskel anspannen und mit geradem Rücken heben.

Im Stehen weiterhin den Bauchmuskel angespannt lassen.

So hebt man falsch. Die ungeschützte Wirbelsäule wird mit dem gesamten Gewicht belastet.

So trägt man falsch.
Die Wirbelsäule
wird einseitig be-
lastet.

So trägt man richtig.
Das Gewicht ist zen-
tral und der angezo-
gene Bauchmuskel
schützt die Wirbel-
säule.

Wie trägt man ganz,
ganz richtig?

So tragen Männer ganz, ganz richtig!

Wenn man körperlich müde ist, ist es oft eine Überwindung, den Bewegungsmuskel zu verwenden, da er ja 7x mehr Sauerstoff verbraucht als der Standmuskel.

Wenn man eine Kiste Bier ca. 500 m nach Hause trägt, dann hat man sich dieses Bier redlich verdient.

Wenn man die gleiche Strecke mit zwei Kisten Bier ausschließlich mit der Bewegungsmuskulatur trägt, dann hat man sich nicht nur das Bier verdient, sondern auch eine sehr gute Bewegungsmuskulatur.

AM FRÜHEN MORGEN

Wenn man die Bewegungsmuskulatur trainiert, wird sie kürzer und dadurch kräftiger. Dabei wird die Haltemuskulatur (Gegenmuskulatur) gedehnt und geschwächt.

Daraus ergibt sich, dass die Haltemuskulatur nur gedehnt und nicht trainiert werden soll. Dehnungsübungen vor einem Training daher nur für die Haltemuskulatur.

Wird die Bewegungsmuskulatur nicht trainiert, tritt das Prinzip der Wechselwirkung ein:

a. schwache Bewegungsmuskulatur,
b. starke Haltemuskulatur,
c. die Bewegungen werden mit den Standmuskeln ausgeführt,
d. schwache Bauchmuskulatur (Bierbauch),
e. die Wirbelsäule ist ungeschützt und
f. in weiterer Folge SCHMERZEN.

Bereits in der ersten halben Stunde des Morgens kann man seiner Bewegungsmuskulatur sehr viel Gutes tun.

Strecken und räkeln Sie sich, wenn Sie aufgewacht sind, nach Herzenslust und strecken Sie dabei die Zehen. Dadurch ist man auf der Standmuskulatur und diese wird gedehnt.

Dann ziehen Sie die Zehen zum Körper und die Bauchmuskeln an. Jetzt stärken Sie die Bewegungsmuskulatur, indem Sie eine Minute in dieser Stellung bleiben.
Kurz rasten.

Dann ziehen Sie zusätzlich die Knie zur Brust an.

Jetzt drehen Sie sich in die Sitzstellung. Ihr Ellbogen dient Ihnen als Drehpunkt.

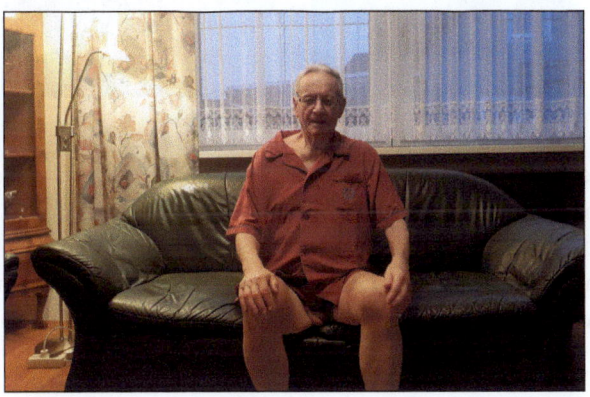

Im Sitzen stellen Sie auf die Haltemuskulatur um (Bauch heraus).

Wenn Ihnen jetzt einfällt, dass Sie auf das „Zähneputzen" der Wirbelsäule vergessen haben, dann schnell zurück ins Bett und nachholen.

Jetzt stehen Sie mit der Bewegungsmuskulatur auf. Dabei sind auf den Oberschenkeln diese Muskeln sichtbar.

Egal ob Sie zurück ins Bett oder ins Badezimmer gehen, ausschließlich auf der Bewegungsmuskulatur.

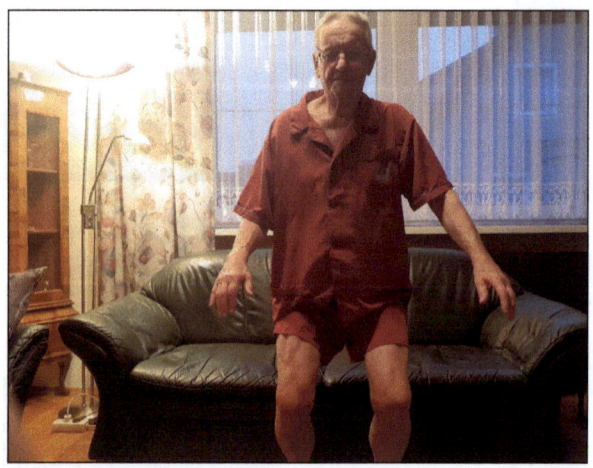

Untertags ist es nicht einfach, die Halsmuskel zu trainieren, deshalb macht man es gleich am Morgen.

Während der Übungen ist man immer auf der Bewegungsmuskulatur. Zwischen den Übungen im Sitzen jeweils nur auf der Haltemuskulatur.

Machen Sie nur jene Übungen, die Ihnen keine Schmerzen bereiten. Das Gleiche gilt für die Wiederholungen, deren Anzahl Sie selbst bestimmen.

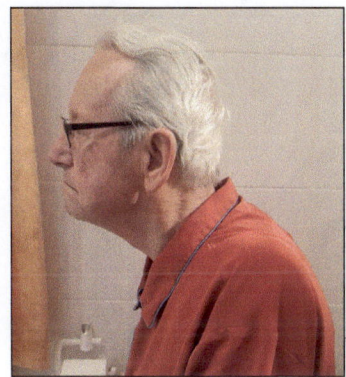

Als 1.Übung ziehen Sie das Kinn zurück und strecken es, soweit es geht, nach vorne.

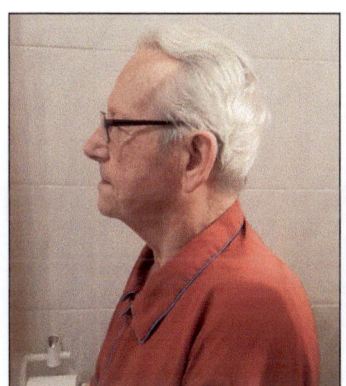

Bei der 2. Übung strecken Sie das Kinn leicht nach vorne. Nun legen Sie beide Daumen unter das Kinn und drücken mit dem Kopf nach unten und mit den beiden Daumen nach oben.

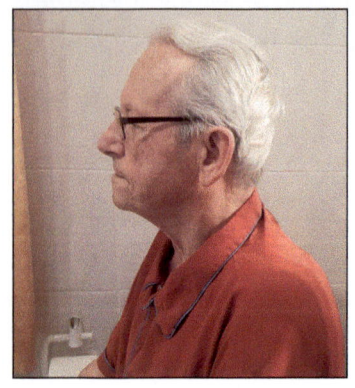 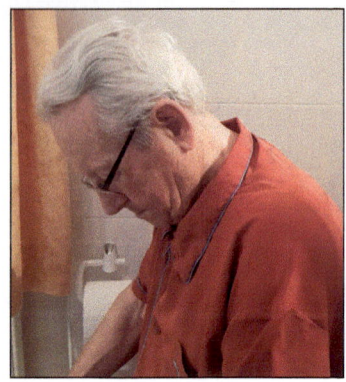

Bei der 3. Übung schieben Sie das Kinn leicht nach vorn und drücken das Kinn leicht zur Brust.

 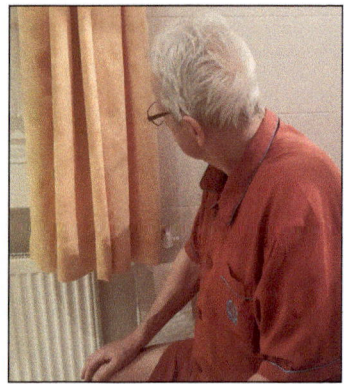

Sie drehen das Kinn nach links und rechts und zurück in die Ausgangsstellung.

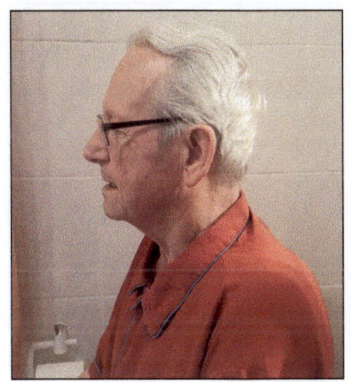 

Bei der 4. Übung ziehen Sie wieder das Kinn leicht nach vorne, drehen den Kopf nach links und nicken mit dem Kopf.

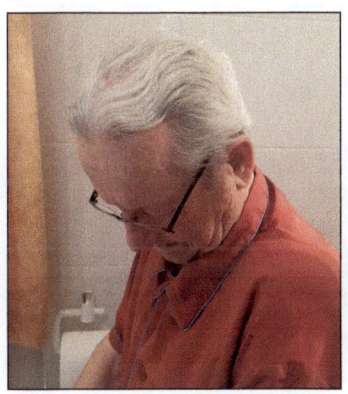

Die gleiche Übung nach rechts und dann wieder zurück in die Ausgangsstellung.

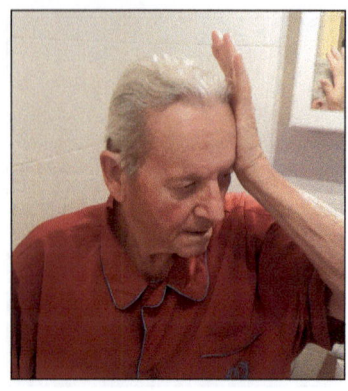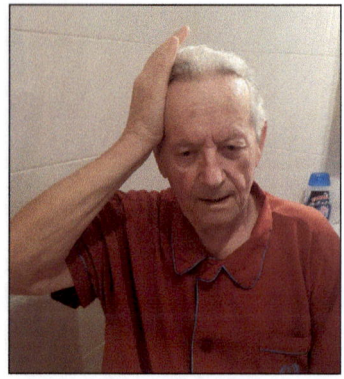

Als 5. und letzte Übung drehen Sie den Kopf nach links und drücken mit der Hand dagegen. Anschließend rechts.

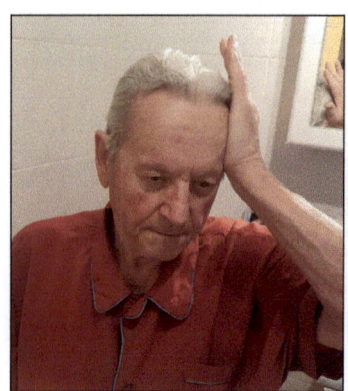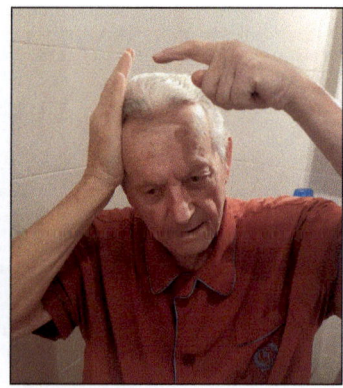

Neigen Sie den Kopf nach links gegen den Widerstand der Hand. Analog nach rechts.

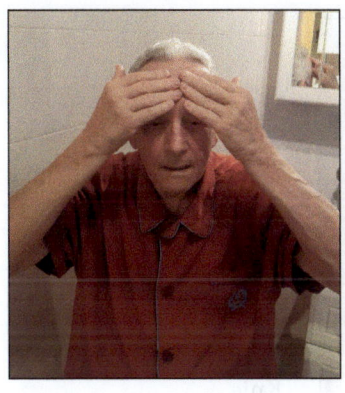 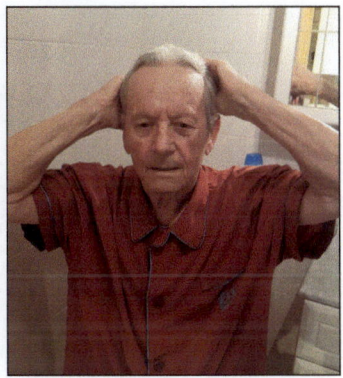

Neigen Sie den Kopf nach vorne und drücken Sie mit den Fingern dagegen. Neigen Sie den Kopf nach hinten und drücken mit halber Kraft mit den Händen dagegen.

Beim Waschbecken ist es ganz besonders wichtig, die Wirbelsäule nicht ohne Schutz zu beugen.

Beim angezogenen Bauchmuskel ist die Lendenwirbelsäule wie in einem Schraubstock fixiert und bestens geschützt.

Sie können auf einem Hocker mit der Haltemuskulatur sitzen. Wenn Sie sich nach vorne beugen, dann mit angezogenem Bauchmuskel.

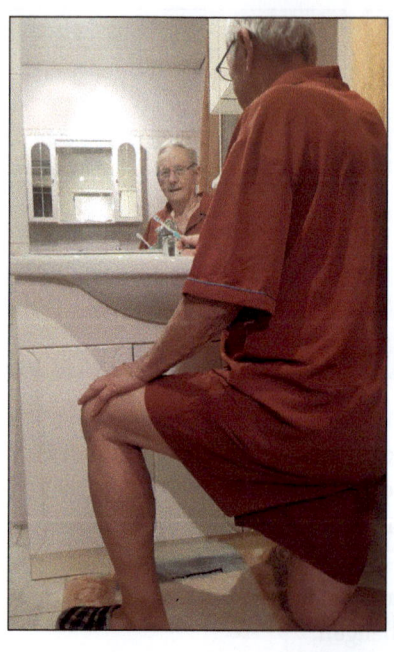

Eine andere Möglichkeit
ist, vor dem Waschbe-
cken zu knien.

Entweder auf einem
Knie

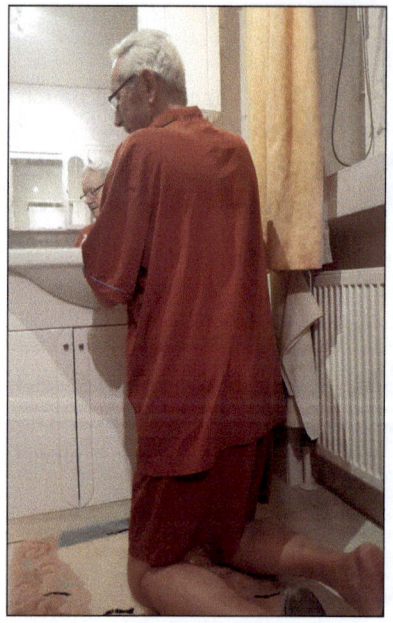

oder auf beiden Knien.

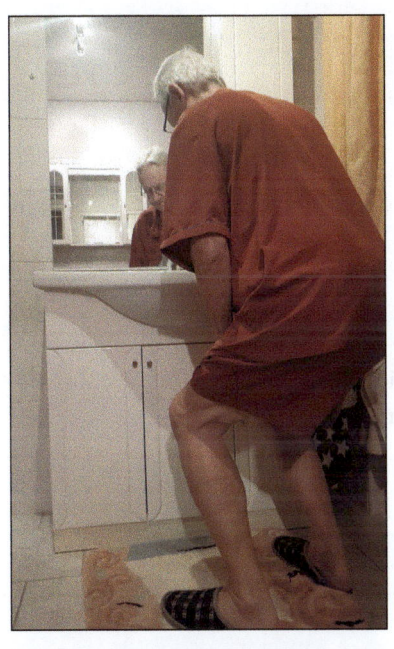

Schwieriger ist die halbe Hocke. Verwenden Sie diese nur, wenn Ihre Bewegungsmuskeln bereits gut trainiert sind.

Nach dem Zähneputzen, Waschen und Bügeln (meiner Gesichtsfalten) bin ich auf meiner Betriebstemperatur und habe schon viel für meine Wirbelsäule getan. Jetzt schaue ich, was für ein Frühstück mir meine Frau zubereitet hat. Egal ob ein Bauern-, Wiener-, Veganes-, Eiweiß-, Kohlenhydrate- oder Diät-Frühstück, ich esse es mit Genuss. Dann freue ich mich auf den vor mir liegenden Tag und fülle ihn mit Aktivitäten. Sie können es genauso machen oder wenn Sie wollen, laufen Sie griesgrämig (mürrisch und verdrossen) bis zum Abend herum.

UNTERWEGS

1. Bus oder Pkw
2. Zug
3. Fahrrad

Das Fahrzeug, mit dem Sie fahren-gleichgültig ob als Fahrer, Beifahrer, Fahrgast-ist Ihr ideales Trainingsgerät, um ihre Bewegungsmuskulatur zu stärken.

1. BUS UND PKW

Unsere Straßen sind sehr kurvenreich. Sie sitzen auf der Haltemuskulatur.

Überprüfen können Sie das, wenn Sie im Hüftgelenk sehr beweglich sind.

Vor jeder Kurve zieht man die Bauchmuskulatur an und ist auf der Bewegungsmuskulatur.

Nach der Kurve geht man wieder auf die Standmuskulatur. Nach wenigen Sekunden ist dann schon wieder die nächste Kurve in Sicht und man wiederholt.

Wenn ihre Muskulatur schon stärker ist, kann man zwei oder mehrere Kurven durchhalten. Dabei kann man ganz normal atmen und mit etwas Training auch mit den Mitreisenden sprechen. Halten Sie sich am Haltegriff im Bus nur dann fest, wenn es unbedingt notwendig ist.

Die Bewegungsmuskulatur gleicht die Fliehkraft zumeist aus. Das Festhalten würde Ihre Haltemuskulatur aktivieren und die wollen Sie ja nicht stärken, denn das würde Ihre Bewegungsmuskulatur schwächen.

Wenn ich mit dem Bus eine halbe Stunde fahre und ungefähr die halbe Zeit trainiere, dann komme ich leicht schwitzend an. Ich freue mich, dass ich meiner Bewegungsmuskulatur Gutes getan habe.

Es ist für meine Mobilität als über 80-Jähriger wichtig, eine gute Bewegungsmuskulatur zu haben.

Auf der Autobahn gibt es nur lang gezogene Kurven und die nehmen mehr Zeit in Anspruch als die auf Landesstraßen. Die Fahrgeschwindigkeit gleicht das halbwegs aus. Natürlich kann man auch auf gerader Strecke üben. und zwar solange Sie den Bauchmuskel halten können.

2. ZUG

Genießen Sie die vorbeiziehende Landschaft und trainieren Sie nach Zeit. Auch beim Lesen oder Arbeiten kann man im Zug diese Übung einbauen.

3. FAHRRAD

Mit oder ohne E-Motor, es ist egal. Wichtig ist, wie Sie auf den Pedalen stehen. Mit den Zehenballen sind Sie auf der Bewegungsmuskulatur. Wenn Sie die Pedale vor dem Absatz treten, sind Sie auf der Haltemuskulatur. Nicht die Anzahl der Kilometer ist entscheidend für den Hobby- und Gesundheitssportler, sondern die Strecke, die er mit der Bewegungsmuskulatur fährt.

Richtig, man tritt mit der Bewegungsmuskulatur.

Falsch, Sie benützen die Haltemuskulatur.

Profis gewinnen den Zielsprint nur mit der schnellen Bewegungsmuskulatur. Diese können sie nur kurze Zeit durchhalten. Daher werden die Sprints bei Radrennen oft erst 100 Meter oder weniger vor dem Ziel angezogen.

Bereits ab der „flamme rouge" (1km vor dem Ziel), auch Teufelslappen genannt, beginnen die Kämpfe um die beste Ausgangsposition für den Sprint.

Der Gepard ist das schnellste Landtier. Wenn er seine Beute mit der Bewegungsmuskulatur nicht innerhalb kurzer Zeit einholt, muss er die Jagd abbrechen. Würde er auf der Haltemuskulatur weiterlaufen, könnte er seine Beute nicht erreichen.

Das nächste Kapitel ist (nicht) nur für Damen.

Die Herren können jetzt einem ihrer Hobbies nachgehen oder das nächste Kapitel lesen.

RICHTIGE
Sitzhaltung

FALSCHE
Sitz-/Liegehaltung

STÖCKELSCHUHE

„Stöckelschuhe machen schöne, lange Beine." Schon den kleinen Mädchen wird das beim Puppenspielen mitgegeben. Die Realität sieht anders aus, die Füße werden verkrümmt und die Wirbelsäule ist nicht geschützt. In dieser Stellung wird die Standmuskulatur statt der Bewegungsmuskulatur eingesetzt.

Auf dem Laufsteg ist es ja kein normales Gehen, sondern ein „Stöckeln". Die Mannequins (franz. Gliederpuppe, Model, zum Beispiel ein Laufstegmodell) übertreiben das noch, indem sie die Beine beim Schritt leicht überkreuzen. So wird das Stöckeln „zur Kunst" erhoben. Real ähneln sie mehr einer Schaufensterpuppe. Es soll ja das Kleid im Vordergrund stehen und nicht das Model.

Nach durchtanzter Nacht.

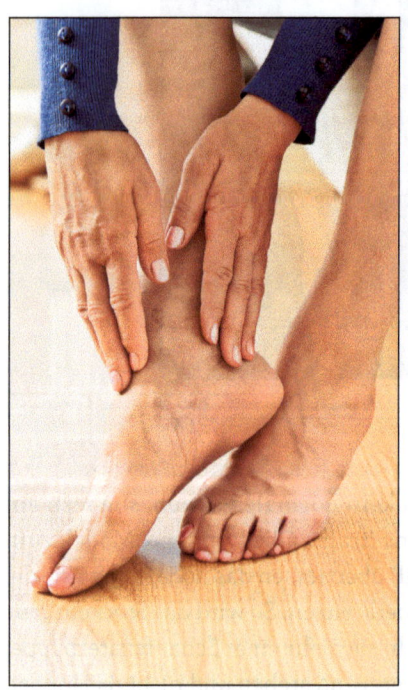

Und nun wieder zurück zu unseren kleinen Mädchen.

Sie glauben noch immer, dass sie im hohen Alter auch noch so schöne Füße haben wie ihre Puppen.

Sie sollten sich einmal die Füße ihrer Großmütter ansehen, dann würden sie sehr schnell in der Realität sein.

Langes Tragen von Stöckelschuhen verunstaltet die Füße.

Frauen und Männer denken auch über die Stöckelschuhe unterschiedlich.

Männer:

„Ehrlich gesagt, Stöckelschuhe machen wirklich wunderschöne, lange Damenbeine."

Frauen:

„So ganz richtig verlieben kann man sich doch nur in Stöckelschuhe."

Jetzt bin ich fast fertig mit dem Buch und eile mit Riesenschritten ins Ziel und schicke die Schreibmaschine in den verdienten Ruhestand.

Herzlichen Dank, dass Sie mein Buch bis zur letzten Seite gelesen haben.

Im Zuge meiner Recherchen für dieses Buch befasste ich mich auch mit der Muskulatur der Tiere.

Bevor sie den Menschen begegneten, wussten sie ganz genau, welche Muskulatur einzusetzen ist.

Dressur ist für mich in diesem Zusammenhang nicht, einem Tier bestimmte Fähigkeiten beizubringen, sondern die Tiere auf die richtige Muskulatur zu trainieren, um neuartiges, Sensationelles bieten zu können.

Das läuft bei den nachfolgenden Beispielen falsch!

Der Bär des Schaustellers, der aufgerichtet „tanzt"?

Der Affe, der „aufrecht geht" und mit einem Hut Geld einsammelt?

Der Karster, der auf den Hinterbeinen „hoppelt"?

„Ist das Tierquälerei oder Kunst, oder beides?"

Sollte ich noch einmal etwas schreiben, dann über dieses Thema.

BILDQUELLENNACHWEIS

S. 7 © wetcake – Stock-Illustration-ID: 523037013

S. 9–21, 24, 25 unten, 30, 39, 41–54, 56–59, 61,
   62 oben, 66–67, 85–102, 104, 106 © Ernst Kornfeld

S. 22 © Hank Grebe – Stock-Fotografie-ID: 1222215522

S. 23 oben © Filmfoto – Stock Foto ID: 1165864000

S. 23 unten © pchoui – Stock-Fotografie-ID: 989657996

S. 25 oben © bowie15 – Stock-Fotografie-ID: 177115587

S. 27 © undefined undefined – Stock-Illustration-ID: 1263889924

S. 28 © JackF – Stock-Fotografie-ID: 1282520401

S. 29 © seb_ra – Stock-Fotografie-ID: 842597094

S. 31 © alexandr_1958 – Stock-Fotografie-ID: 828503268

S. 32 © sefa ozel – Stock-Fotografie-ID: 1018245532

S. 34 © janulla – Stock-Fotografie-ID: 148942193

S. 35 © Urban & Fischer Verlag/Elsevier GmbH –

S. 37 oben © andriano_cz – Stock-Fotografie-ID: 1146406764

S. 37 unten © Ljupco – Stock-Fotografie-ID: 473712814

S. 38 oben © AntonioGuillem – Stock-Fotografie-ID: 504373738

S. 38 unten © Sonja Rachbauer – Stock-Fotografie-ID: 1202687917

S. 40 oben © ori-artiste – Stock-Fotografie-ID: 477706694

S. 40 unten © urfinguss – Stock-Fotografie-ID: 503518028

S. 55 © Kurt Kornfeld

S. 60 © AndreyPopov

S. 62 unten © StefaNikolic – Stock-Fotografie-ID: 1055903308

S. 63 © monkeybusinessimages – Stock-Fotografie-ID: 947844756

S. 64 oben © gbh007 – Stock-Fotografie-ID: 860400620

S. 64 unten © alvarez – Stock-Fotografie-ID: 641833926

S. 65 oben © zoranm – Stock-Fotografie-ID: 970042608

S. 65 unten © martin-dm – Stock-Fotografie-ID: 1139717078

S. 68 oben © undrey – Stock-Fotografie-ID: 905633908

S. 68 unten © Dmytro Aksonov – Stock-Fotografie-ID: 508454326

S. 69 © vm – Stock-Fotografie-ID: 108219872

S. 70 oben © FangXiaNuo – Stock-Fotografie-ID: 520167170

S. 70 unten © Tsuji – Stock-Fotografie-ID: 458696779

S. 71 © TarpMagnus – Stock-Fotografie-ID: 157286155

S. 72 © bytepark – Stock-Fotografie-ID: 139862046

S. 74 oben © ilbusca – Stock-Fotografie-ID: 623940526

S. 74 unten © abooyeung – Stock-Fotografie-ID: 144191370

S. 75 © technotr – Stock-Fotografie-ID: 512403590

S. 76 oben © ilbusca – Stock-Fotografie-ID: 497346759

S. 76 unten © RyanJLane – Stock-Fotografie-ID: 640879280

S. 77 © PeopleImages – Stock-Fotografie-ID: 959523576

S. 78 © leolintang – Stock-Fotografie-ID: 1147260617

S. 79 oben © Prasert Krainukul – Dreamstime: 4185x3114p

S. 79 unten © Alex_Ishchenko – Stock-Fotografie-ID: 1034187204

S. 80 oben © pixabay.com

S. 80 unten © Dreamstime.com ID: 15514852

S. 81 © Ljupco – Stock-Fotografie-ID: 477529409

S. 82 oben © Joseph Calomeni – Stock-Fotografie-ID: 119787647

S. 82 unten © fstop123 – Stock-Fotografie-ID: 536506899

S. 83 © amriphoto – Stock-Fotografie-ID: 1182818811

S. 84 © DieterMeyrl – Stock-Fotografie-ID: 1131218261

S. 103 oben © Oleh_Slobodeniuk – Stock-Fotografie-ID: 54269285

S. 103 unten © agrobacter – Stock-Fotografie-ID: 857573334

S. 105 oben © TommasoT – Stock-Fotografie-ID: 461316177

S. 105 unten © maros_bauer – Stock-Fotografie-ID: 466996757

S. 107 © Image Source – Stockfoto ID: 110270661

S. 108 oben © Rike_ – Stockfoto ID: 1142184554

S. 108 unten © izusek – Stock-Fotografie-ID: 180846144

S. 109 ©stacey_newman – Stock-Fotografie-ID: 156528785

S. 110 oben © technotr – Stock-Fotografie-ID: 544133894

S. 110 unten © LiliGraphie – Stock-Fotografie-ID: 995786744

S. 111 © MediaProduction – Stock-Fotografie-ID: 168791931

S. 112 oben © Seregraff – Stock-Fotografie-ID: 824860820

S. 112 unten © olgaIT – Stock-Fotografie-ID: 692197504

Der Autor

Ernst Kornfeld wurde 1939 in Wr. Neustadt ge-
boren. Nach einer Flucht 1945 mit dem Pferdewagen landet er mit seiner Familie in München.
Nach seiner Rückkehr nach Österreich besuchte er
die Handelsschule in Horn, NÖ. In seiner Freizeit
engagierte er sich politisch und trug maßgeblich
zur Rettung des Augebietes der Krems unterhalb
von Kremsmünster bei. Außerdem liebt er das
Bergwandern und hält Vorträge. Schriftstellerisch
betätigt er sich ab 1970 bei der ersten oberöster-
reichischen Gemeindezeitung als Chefredakteur.
„Die 3 Geheimnisse der Wirbelsäule" ist sein
erstes veröffentlichtes Buch. Ernst Kornfeld lebt
im österreichischen Traunviertel, ist verheiratet
und hat 4 Kinder.

novum VERLAG FÜR NEUAUTOREN

Der Verlag

Wer aufhört
besser zu werden,
hat aufgehört
gut zu sein!

Basierend auf diesem Motto ist es dem novum Verlag
ein Anliegen, neue Manuskripte aufzuspüren, zu ver-
öffentlichen und deren Autoren langfristig zu fördern.
Mittlerweile gilt der 1997 gegründete und mehrfach
prämierte Verlag als Spezialist für Neuautoren in
Deutschland, Österreich und der Schweiz.

**Für jedes neue Manuskript wird innerhalb we-
niger Wochen eine kostenfreie, unverbindliche
Lektorats-Prüfung erstellt.**

Weitere Informationen zum Verlag und
seinen Büchern finden Sie im Internet unter:

www.novumverlag.com